TRADUCTOR MANCHEGO CASTELLANO

(Cómo entender a los manchegos y no morir en el intento)

Javier Gómez Pérez (2021)

ÍNDICE

INTRODUCCIÓN

A modo de preámbulo indico que las palabras que aparecen en este "traductor" no son merecedoras de risas sino de sonrisas. El vocabulario relajado de la Mancha (al igual que los dejes, dichos y giros de otras regiones o comarcas de toda España) solo puede entenderse desde el lado de la graciosidad de sus expresiones lingüísticas que se han expandido por toda la geografía española debido, principalmente, al despertar de la juventud que deja de lado el mundo rural para entrar de lleno en las grandes ciudades arrastrando el vocabulario heredado de sus ancestros.

He encontrado palabras que teóricamente han nacido en la Mancha para acabar siendo pronunciadas en diversas zonas distantes de esta tierra manchega. La dispersión demográfica también ha servido de altavoz de nuestra forma de expresarnos.

A su vez, muchas de las palabras que en este "traductor" se detallan han perdido la raíz local por lo que es fácil encontrar que el origen de determinadas expresiones sean atribuidas a diferentes poblaciones sin saberse cuál de ellas es la auténtica "madre" de las mismas.

Por respeto a la mujer y a la diversidad de tendencias sexuales he eliminado aquellos términos que eran (y son) ofensivos o de carácter discriminatorio.

Estos más de 1.400 "palabros" no representan el total de los dejes considerados típicos de la Mancha pero si son una mayoría de ese lenguaje que podemos considerar propio, con el que nuestros ancestros se hacían entender y que se está perdiendo poco a poco.

Valgan estas páginas para poner un granito de arena a fin de conservar tan maravilloso lenguaje manchego.

Espero que disfrute de este traductor MANCHEGO - CASTELLANO.

LETRA A

ABAJAR: Bajar.

ABAJOTE: Abajo del todo.

ABALCONAO: Referido a algo que sobresale mucho.

ABANTO: Persona desganada o falto de iniciativa.

ABARRER: Apurar el contenido de un plato al máximo.

ABARROTAO: Algo que está lleno al máximo de su capacidad.

ABERICOQUE: Albaricoque.

ABERRONCHO: El que hace sonidos imitando a los animales.

ABOCICAR: 1: Acercar mucho la boca al pitorro del botijo para beber. 2: Caer hacia delante o de boca. 3: Asomarse en exceso por una ventana, barandilla, etc.

ABOTARDAO: Atontado.

ABOTARGAO: Estado de cansancio tras una fuerte comida.

ABUJERO: Agujero.

ABUNDANTE: 1: Persona que hace cosas sin consentimiento previo. 2: Persona que se mete en la conversación de otro.

ABUNDIO: Tonto.

ACACHAR: Agachar.

ACACHETAO (ESTAR): Estado de agotamiento tras una enfermedad.

ACACHIPORRAR: Emborrachar.

ACARREAR: Transportar algo.

ACARTONAO: Persona a la que le cuesta hacer algo.

ACHANTAR: Esconder o callar por miedo.

ACHICHARRAR: Quemar.

ACHIPERRE: Revuelto de varias cosas.

ACHIRUSQUE: Herramienta.

ACHUCHAR: 1: Abrazar con fuerza. 2: Animar a alguien para que realice su trabajo.

ACICALAR: Adecentar.

ACIECA: Acequia.

ACINCONQUE: Que no tiene valor.

ACOCHAMBRAO: Persona que no se preocupa por la limpieza.

ACOQUINAR: Amedrentar o asustar.

ACRISTIANAR: Bautizar.

ADÁN: Persona descuidada en sus modales o forma de vestir.

ADEFESIO: Persona descuidada en sus modales o forma de vestir.

ADIUS: A Dios, expresión de asombro.

ADRENTO: Para dentro.

AFANAR: 1: Poner afán en hacer algo. 2: Robar o sustraer algo.

AFILOTO: Prisa.

AFORANTE: Persona que está siempre observando a quien llama a la puerta de las demás casas.

AFOTO: Fotografía.

AGENCIAR: Coger alguna cosa.

AGONÍAS: Persona avariciosa que no presta o da dinero por egoísmo.

AGORA: Ahora.

AGUACHIRLE: Generalmente sopa, caldo u otro líquido sin sabor o aguado.

AGUAÍLLA: Meter la cabeza bajo el agua a alguien.

AGUAZUPE: Generalmente sopa, caldo u otro líquido sin sabor o aguado.

AGUILANDO: Aguinaldo.

AGUZAR: Mirar con detenimiento buscando algo.

AHITAR: Hartar de comer.

AHUECAR: Marchar.

AINÁ: 1: Pronto. 2: Casi, por poco.

AJETREO: Mucho movimiento.

AJUAR: Lencería que se entrega a la novia en el día de su boda.

AJUNTAR: Acompañar a alguien o reunirse con varias personas.

AJUSTAR: Pactar entre trabajador y patrón el salario que se pagará por un servicio o trabajo.

ALABANCIARSE: Jactarse o reírse de algo.

ALACENA: Despensa en la cocina para guardar los utensillos.

ALAMPAO: Hambriento.

ALARÍO: Grito de dolor.

ALBANZAR: Alcanzar.

ALBAÑAL: Lugar sucio.

ALBARDA: Aparejo de las caballerías.

ALBERJA: Berza.

ALBOROQUE: Invitaciones que se hacen entre el comprador y vendedor de algo cuando se cierra el trato con éxito.

ALCABUZ: Arcabuz.

ALCAGÜETE: Alcahuete, el que va contando a todos la vida privada de alguien.

ALCANCÍA: Hucha generalmente de barro.

ALCANCIL: Alcachofa.

ALCOBA: Dormitorio.

ALCUZA: Recipiente metálico para aceite, agua, leche, etc.

ALELAO: Tonto, sin gracia.

ALFERECÍA: Escalofrío.

ALICATE: Persona con malas ideas.

ALISIAO: Atontado.

ALIVIADERO: Retrete.

ALMENAQUE: Almanaque.

ALMENDRÓN: Persona muy terca.

ALMÓNDIGA: Albóndiga.

ALMORRANA: Hemorroide.

ALMORZÁ: Lo que cabe en las dos manos juntas.

ALMUÁ: Almohada.

ALQUILINO: Inquilino.

AMAGAR: 1: Amedrentar o asustar. 2: Agachar.

AMOJONAR: Colocar hitos o mojones de piedra para delimitar tierras o señalizar algo.

AMOTO: Moto.

AMUERMAO: Congestionado o falto de carácter.

ANASTESIA: Anestesia.

ANCÁ: A casa.

ANCA: Pierna.

ANDE: Donde, a donde.

ANDORGA: Barriga.

ANDORREAR: Estar siempre de una fiesta a otra o de bares sin parar.

ANDOSCO: guarro.

ANDOVAL: Mala persona.

ANDRAJOSO: Persona que va siempre hecho un desastre.

ANDURRIAL: Persona que va siempre hecho un desastre.

ANIEBLAO: Tonto.

ANTAÑO: Referencia a algo pasado.

ANTEYER: Anteayer.

ANTIER: Anteayer.

ANTIPARRAS: Gafas.

APAÑAR: Arreglar.

APARRANARSE: Sentarse o tumbarse por cansancio.

APEAR: Bajar de algún sitio.

APECHUGAR: Encargarse de alguna tarea no deseada.

APECHUSQUE: 1: Herramienta. 2: Enfermedad repentina.

APENCAR: Trabajar o estudiar con más ahínco.

APERCIBIR: Poner a una persona sobre aviso.

APERO: Herramienta generalmente para el campo.

APESCAR: Agobiar.

APIOLAR: Llevarse algo.

APOLTRONAO: 1: Persona vaga. 2: Persona acomodada en su trabajo.

APOQUINAR: Pagar una deuda.

APORREAR: Golpear a un animal, persona o algún objeto.

APURAORZAS: 1: Persona con hambre. 2: Familiar o amigo que acude tras la matanza y se lleva parte de los productos obtenidos.

ARCA: Baúl o arcón.

ARCÁ: Movimiento convulsivo del estómago previo a vomitar.

ARCAGÜETE: Cacahuete.

ARDIL: Persona sagaz.

ARGOTEAR: Estar de fiesta.

ARMATOSTE: Algo que es inservible o no se usa y que molesta en cualquier sitio.

ARPEAR: Espabilar.

ARRABALERO: Maleducado.

ARRADIO: Radio.

ARRAMBLAR: Llevarse todo lo que hay en un determinado lugar sin dejar nada.

ARRAMPLAR: Llevarse todo lo que hay en un determinado lugar sin dejar nada.

ARRANAO: Sobrecargado y/o arriñonado.

ARRANCAERA: Último trago que beben los miembros de una cuadrilla antes de dejar la faena.

ARRANCAO (SER PEOR QUE): Ser muy mala persona y/o conflictiva.

ARRE: Voz que se emplea para estimular a las bestias.

ARREA: Expresión de asombro.

ARREBAÑAR: Apurar.

ARRECHUCHO: Enfermedad.

ARRECIAR: Aumentar la lluvia con más intensidad.

ARRECÍO (ESTAR): Estar pasando mucho frío.

ARRECOSTAR: Tumbar de lado.

ARREGLO: Acuerdo sobre un determinado trato.

ARREGOSTAO: El que frecuenta el mismo sitio siempre.

ARREGUILLAO: Persona con demasiado frío.

ARREJUNTAR: Vivir juntas dos personas sin haber contraído matrimonio.

ARREMOLINAR: Reunirse un gran número de personas.

ARREMPUJAR: Empujar.

ARRENDAR: Imitar a otra persona a modo de burla.

ARREO: Aparejo para las bestias.

ARRESCUÑAR: Apurar el alimento de un plato.

ARRIBOTA: Arriba del todo.

ARRINGAR: Agachar o tumbar a un animal o persona por la fuerza.

ARRISCAETE: Persona con andar estirado y casi chulesco.

ARRUMBAR: Arrinconar.

ARRUÑAR: Arañar.

AS (SER UN): Ser el mejor.

ASAJAR: Echar hacia atrás.

ASCAPE: Escape.

ASENTARSE: Sentarse.

ASINQUE: Así es que.

ASOBARCAR: Apoyar con todo el peso del cuerpo.

ASOBINAO: Adormilado, con sueño.

ASOBINARSE: Quedarse hecho un ovillo al caer.

ASORRATAR: Quemar por efecto del sol.

ASPAVIENTO: Excesiva gesticulación durante una conversación.

ASTAJO: A destajo.

ASURAO: Dícese del alimento que está a punto de quemarse durante su cocinado.

ASUSAR: Azuzar.

ATAJADIZO: Atajo.

ATALAJAR: Colocar bien la ropa que se lleva puesta.

ATIFORRAR: Atiborrar.

ATINAR: Acertar.

ATIZAR: 1: Remover las brasas de una hoguera. 2: Golpear a un animal o persona.

ATONTOLINAO: Atontado.

ATORULLADO: Agitado o preocupado.

ATOSIGAR: Insistir sin parar sobre un asunto.

ATRECHALAR: Tumbarse para dormir.

ATUFAR: Pérdida del conocimiento por el humo.

ATUSAR: 1: Incitar a un perro para agredir. 2: Alisar el cabello.

AVEL: A ver.

AVETARDA: Avutarda.

AVIAR: Disponer todo lo necesario para una tarea o evento.

AVIARSE: Acto de asearse, vestirse y/o calzarse para ir bien vestido.

AVICHUCHO: Tonto.

AVÍO: 1: Provecho propio. 2: Conjunto de elementos para asearse o vestir correctamente.

AZAFATE: Palangana metálica y esmaltada rectangular.

AZARAR: Ponerse en estado de agitación.

AZOGUE (TENER): Estar inquieto.

AZOTE: Manotazo en los glúteos como castigo generalmente a los niños.

AZURRONAO: Persona sin iniciativa alguna.

LETRA B

BABAOL: Amapola.

BACA: Hacer la baca o reunión de amigos para festejar algo.

BACÍA: Recipiente con forma curva usado por los barberos.

BACÍN: 1: Persona que se mete en asuntos ajenos. 2: Orinal.

BACINEAR: Estar en las conversaciones o asuntos ajenos.

BACINILLA: Persona cobarde y/o de poco espíritu.

BADANA: Persona débil sin espíritu de trabajar.

BALADRE: Persona de carácter difícil que puede llegar a ser agresivo.

BALDAO (ESTAR): Estar con fuertes dolores musculares tras realizar un trabajo.

BALDE (DE): Gratis.

BALDE: Cubo.

BALDRAGAS: Persona floja y sin fuerzas.

BALDROGA: Persona floja y sin fuerzas.

BANCÁ: Sofá de madera.

BARAJEAR: Barajar.

BARLUNTAR: Sospechar.

BARRAQUERA: Llanto persistente generalmente infantil.

BARRICA: Barril.

BARRUNTAR: Meditar alguna idea o acto.

BÁRTULO: Bulto, paquete o maleta que lleva una persona.

BARUTO: Perro vagabundo sin amo.

BASCA: Tos fuerte.

BASULERO: Basurero.

BATIBURRILLO: Comentario carente de sentido.

BATÍO: Dolor persistente y duradero.

BATURRILLO: Comentario carente de sentido.

BAYONESA: Mayonesa.

BEBISTRAJO: Líquido de sabor repugnante.

BELFO: Labio.

BELORTA: Cabeza.

BERREAR: Chillar sin sentido.

BERRIDO: 1: Grito fuerte. 2: Patada con fuerza a un balón. 3: Sonido de algunos animales.

BERRINCHE: Generalmente enfado o rabieta infantil.

BERRIONDO: Celoso.

BESTIA: Aquel que hace enormes esfuerzos para realizar algún trabajo.

BICHARRACO: Persona con mala conducta o pendenciero.

BICOCA: Ganga.

BIRLAR: Robar.

BIRUJI: Viento extremadamente frío.

BITANGUEO: Irse de juerga.

BLANCA (SIN): Sin dinero.

BLINCO: Brinco o salto.

BOCANÁ: Aire retenido en la boca o pulmones.

BOCAO: 1: Mordisco o bocado. 2: Elemento del freno que se ajusta en la boca de la caballería.

BOCARÁN: Persona que solo sabe hablar mal de los demás.

BOCERAS: Bocazas.

BOCHORNO: Calor sofocante.

BODOQUE: 1: Persona terca. 2: Bordado.

BODORRIO: Boda económica para no gastar mucho y/o con pocos invitados.

BODRIO: 1: Algo de mala calidad. 2: Mezcla cárnica para embutir en la tripa.

BOFIO: Pulmón del cerdo y de otros animales.

BOÍNA: Boina.

BONICO: Bonito.

BOÑIGA: Excremento generalmente de origen animal.

BORRA: Oveja.

BORRIQUERÍA (HACER UNA): Hacer algo a lo bruto, con sobre esfuerzo.

BORUÑO: Encogido.

BOTARATE: Tonto.

BOTICA: Farmacia.

BREGAR: Esfuerzo para obtener un resultado.

BRIDÓN: Bidón.

BUCHACA: Bolsillo para guardar el dinero.

BUCHE: Estómago o barriga.

BUCHITO: Pequeño trago de cualquier líquido.

BUFÍO: Resoplido de los animales.

BUJERO: Agujero u orificio.

BULLA: Ruido o jaleo.

BULLIR: No parar de moverse.

BUREO: Irse de juerga.

BURRACA: Urraca.

LETRA C

CABÁ: Estuche de madera para llevar los útiles de la escuela.

CABALITAMENTE: Cabalmente.

CABALLERITO (ESTAR): A gusto.

CABEZÁ: 1: Siesta de corta duración. 2: Dar el pésame a los familiares de un difunto.

CÁBIDA: Cabida o volumen disponible en algún recipiente.

CABO: 1: Cuerda. 2: Quepo.

CABRILLA: Vejiga de la piel tras ser expuesta demasiado tiempo al fuego.

CACHAZAS: Persona que se toma todo con mucha calma.

CACHETE: manotazo ligero en la cara o glúteos a modo de castigo.

CACHIMÁN: Espacio a modo de almacén o trastero.

CACHIPORRA: Porra o defensa que portan las Fuerzas de Seguridad.

CACHIRULO: Envase pequeño.

CACHIVACHE: Trasto que se usa poco.

CACHO: Pedazo.

CAFRE: Persona tonta que suele equivocarse en todo.

CAGALÁSTIMAS: Persona que va contando siempre sus problemas a todo el mundo.

CAGALERA: Diarrea.

CAGARRUTA: Excremento de origen animal o humano.

CALANDRIA: Tonto.

CALENTAR (TE VOY A): Agredir, te voy a pegar.

CALENTURA: Fiebre.

CALETRE: Tonto.

CALICANTO (CERRADO A): Cerrado a cal y canto, algo que está fuertemente cerrado.

CALIMA: Neblina que produce bochorno.

CALLICUEZO: Persona de poca confianza.

CALORÁ: Sofocón que pasan las mujeres durante la menopausia.

CÁMARA: Habitación a modo de trastero o almacén.

CAMASTRO: Cama de baja calidad.

CAMPLONERA: Mujer arisca.

CAMUESO: Persona terca en sus ideas o actos.

CANCAMUSA: Persona que siempre va contando lo mismo sin cesar.

CÁNCANA: Desgana.

CANEAR: Dar una paliza.

CANELO: Acto de dejar pasar el tiempo sin motivo.

CANGUELO: Miedo.

CANGUSTIA: Que angustia.

CANIJO: Débil o de poco espíritu.

CANILLA: Pierna muy delgada.

CANINA: Calor fuerte que hace en un momento dado.

CANINO (ESTAR): Estar sin dinero.

CANSINO: Persona que no para de hablar o insistente.

CANTAMAÑANAS: Persona que no cumple con lo pactado.

CANTO: Piedra pequeña.

CANUTO: En el lenguaje coloquial es un porro.

CAÑAMÓN: Persona muy pequeña.

CAPACHO: Serón, cesta o espuerta.

CAPAZO: Serón, cesta o espuerta.

CAPERAZÓN: Caparazón.

CAPIROTE: Golpe que se da con los dedos en la cabeza.

CAPÓN: Golpe que se da con los dedos en la cabeza.

CARABINA: Familiar que acompaña a los novios para evitar actos impuros.

CARAJO (ME IMPORTA UN): No me importa nada.

CARAMBUCO: Nasa o garlito cerrado para pescar cangrejos.

CARBONATO (SE HA HECHO): Se ha destrozado completamente.

CARBURAR: Marchar todo bien a una persona.

CARCAMAL: Persona siempre enferma o con muchos achaques.

CARO: Claro.

CARRUCHA: Garrucha o polea.

CARRUÉCANO: Nombre de una variedad de la calabaza utilizado para llamar a una persona que es terca o bruta.

CARRUJAL: Pedregal.

CASCAR: 1: Charlar. 2: Fallecer.

CASCARRABIAS: Persona que siempre se está quejando de todo.

CASQUERA: Persona que habla mucho de los asuntos de los demás.

CASQUETE: Acto de tener relaciones sexuales con otra persona.

CASTAÑA: 1: Borrachera. 2: Bofetón fuerte. 3: Accidente.

CATACALDOS: Persona que habla de todos los temas sin saber nada de ellos.

CATAR: Probar.

CATE: Golpe generalmente dado con el puño cerrado.

CATERVA (VAYA): Vaya grupo de gente.

CATETO: Tonto o ignorante.

CATRE: Cama.

CAVILAR: Pensar.

CEBOLLO: Dícese de la persona obesa o rolliza.

CEGAR: Rellenar un agujero o pozo con tierra, cemento u otro material.

CEGARRUTO: Persona con dificultad en la visión.

CELPA: Felpa

CELPUDO: Felpudo.

CÉLULA: Cédula.

CENACHO: Persona destartalada.

CENAHORIA: Zanahoria.

CENCEÑO: Delgado.

CENIZO (TENER EL): Tener mala suerte.

CENORIA: Zanahoria.

CENSO (ERES UN): Eres un pesado.

CENUTRIO: Tonto.

CEPORRO: Tonto.

CERA: Acera.

CERNÍCALO: Ignorante.

CERRIL: Terco.

CHABASQUE: Crujido generalmente en las articulaciones de una persona.

CHÁCHARA: Hablar mucho.

CHACHE: 1: Hermano. 2: Muchacho.

CHACHO: 1: Hermano. 2: Muchacho.

CHAFAR: 1: Acostar. 2: Aplastar o estrujar.

CHAMBA: Suerte.

CHAMBERGO: Abrigo.

CHAMUSCAR: Quemar una cosa por la parte exterior.

CHAMUSQUINA: 1: Sospecha. 2: Algo que se ha quemado.

CHANGAO: Estropeado.

CHAPARRÓN: Lluvia fuerte que cae un muy poco tiempo.

CHAPETÓN: Lluvia fuerte que cae un muy poco tiempo.

CHAPOTEAR: Golpear el agua con manos y pies.

CHAPURREAR: Hablar en voz baja.

CHAPUZAR: Meter a otro la cabeza bajo el agua a la fuerza.

CHAPUZÓN: Tirarse al agua de cabeza.

CHASCARRILLO: Comentario generalmente gracioso.

CHASPAO (SALIR): Salir deprisa justo antes de que ocurra algo.

CHASPAR: Hablar mucho.

CHATAR: Tachar.

CHAVETA (PERDER LA): Perder la cabeza.

CHICHA: Carne como alimento.

CHICHIRIBAILA: Persona obediente sin decisión propia.

CHICHIRIVAINA: Persona obediente sin decisión propia.

CHICHÓN: Abultamiento en la cabeza tras recibir un golpe.

CHICO: Pequeño.

CHILONDRA: Cabeza.

CHINATO: Piedra pequeña.

CHINCHAR: Fastidiar.

CHINCHÓN: Chichón, abultamiento en la cabeza tras recibir un golpe.

CHINCHORREAR: Cotillear.

CHIRIBIZO: Estómago.

CHIRIPA: Casualidad.

CHIRLAR: Hablar aceleradamente.

CHIRLOTEO: Cosa de poco alimento o sustancia.

CHISPA: Borrachera.

CHITICO: A callar.

CHOCANTE: Gracioso.

CHOCHEAR: Cuando se dicen o se hacen cosas sin sentido común.

CHONCHO: 1: Persona de constitución fuerte. 2: Satisfacción por haber hecho algo bien.

CHORI: Lápiz labial.

CHORRA (TENER): Tener suerte.

CHORRA: Pene.

CHUCHO: 1: Perro. 2: Cuerpo del caracol.

CHUMINO: Vagina femenina.

CHUMINOSO: Persona que quiere hacer las cosas a la perfección.

CHUPERRETEAR: Chupar los dedos tras comer un alimento exquisito.

CHUPINAZO: Dar una patada al balón.

CHUPÓN: Punta colgante de hielo.

CHURRUSCAR: Asar o tostar en exceso.

CHUSCA: Chispa del fuego.

CHUSCARRAR: Asar o tostar en exceso.

CHUSMEAR: Tomar alimentos en pequeñas cantidades y fuera de hora.

CHUSMO: 1: Cotilla o chismoso. 2: Goloso.

CHUTAR: Dar una patada al balón.

CHUZO: Punta colgante de hielo.

CICATERO: 1: Persona avara. 2: Persona con tendencia a la pelea.

CIECA: Acequia.

CIMENCERA: Cementera.

CIMENTERIO: Cementerio.

CINCHO: Cinturón.

CIPITORRIO: Mareo o pérdida del conocimiento.

CIPOTE: Pene.

CIRINGONCIA: Mujer de escasa inteligencia.

CIROTE: Excremento.

CLAREAR: Amanecer.

CLÁUSULA: Cápsula.

CLISAR: Dormir.

COBERTOR: Manta para la cama.

COBETE: Cohete.

COCINILLAS: 1: Persona entrometida. 2: Hombre que sabe cocinar.

COCO: Cabeza.

COCOTE: Cogote.

COCOTÓN: Terco.

COCRETA: Croqueta.

COGER: Tener cabida.

COGORZA: Borrachera.

COLGAJO: Pilgajo, algo que cuelga.

COMINO (ERES UN): Eres muy pequeño.

COMINO (ME IMPORTA UN): No me importa nada.

COMPAÑA: Compañía.

COMPARANZA: Comparación.

CONCHAVAR: Estar de acuerdo con alguien sobre un asunto turbio.

CONCLUSILLA: Rabadilla.

CONDUMIO: Comida.

CONOCENCIAS (TENER): Tener muchos amigos o conocidos.

CÓNSOLA: Consola.

CONTAO (AL): Al contado, pago en el acto.

CONTINO: Continuo.

CONTRIMAS: Cuanto más.

CONVIDAR: Invitar.

COPÓN: Expresión de asombro o sorpresa.

CORREDOR: Pasillo.

CORTE: Lugar donde se queda la labor en el campo para seguir después.

COSCURRO: Trozo o pellizco que se arranca del pan.

COSTALÁ: Golpe que se recibe al caer de espaldas o de lado.

COSTURÓN: Cicatriz que queda en una herida tras retirar la sutura.

COSUEGRO: Consuegro.

COTUFA: Palomita de maíz.

CRÁNSULA: Cápsula.

CRÁUSTICO: Cáustico.

CRILLA: Patata.

CRUJIR (TE VOY A): Te voy a pegar.

CUAJO (TENER): Tener valor o atrevimiento.

CUARTOS (TENER): Tener dinero.

CUASI: Casi.

CUCAMONAS: Persona que observa a los demás a escondidas.

CUCAR: Guiñar un ojo.

CUCHA: Escucha.

CUCHICHEAR: Hablar en voz baja para que nadie pueda escuchar.

CUCHITRIL: Habitación pequeña y carente de comodidades.

CUCO: Pícaro.

CUCÓN: Golpe con los nudillos en la cabeza.

CUDIAO: Cuidado.

CUEROS (ESTAR EN): Estar desnudo.

CUERPACHE: Malestar general.

CUESCO: Flatulencia.

CUEZO (HASTA EL): Expresión de haber cometido algo mal o por error.

CULEBRINA: Relámpago.

CULERA: Remiendo en la parte trasera del pantalón.

CULIPARDO: Gentilicio para los nacidos en Ciudad Real.

CUNDIR: Hacer algo de forma rápida en menos tiempo de lo habitual.

CURCUSILLA: Rabadilla.

CURRELO: Trabajo.

CURRO: Trabajo.

LETRA D

DALEAR: Ladear.

DECONTINO: De continuo.

DEDÁS: Dejar las huellas de la mano marcadas sobre alguna superficie.

DEGOLVER: Devolver, vomitar.

DELTÓ: Del todo.

DENDE: Desde.

DENGUNO: De ninguno.

DENTERA: Sensación dental al tomar algo muy frío.

DENTRÍFICO: Dentífrico.

DEPOSITORIO: Supositorio.

DEQUE: Después que.

DESABORÍO: 1: Persona sin gracia. 2: Alimento escaso de sal.

DESACARREO (VAYA): Vaya desorden.

DESCALABRAR: Escalabrar, hacer una herida en la cabeza.

DESCUAJARINGAR: Desordenar o desmontar algo.

DESCUIDADO: Mal vestido.

DESFARATAR: Destrozar o desmontar alguna cosa.

DESHALAMBRÍO: Persona con mucha hambre.

DESLEÍDO: Diluido.

DESMAÑA: Despacio.

DESNUCAR: Fallecer por un golpe en la nuca.

DESOLLÓN: Rozadura.

DESPARCÍO: Matrimonio cuyos miembros ya no conviven juntos.

DESPERRILLAR: Dejar a alguien sin dinero.

DESPIAZAR: Despedazar.

DESTAJO (A): Trabajar sin descanso hasta concluir una tarea.

DESTRIPATERRONES: Persona bruta y sin conocimiento.

DEVANTARSE: Levantarse.

DEVOLVER: Vomitar.

DIABETIS: Diabetes.

DIARRERA: Diarrea.

DICEMOS: Decimos.

DICHARACHERO: Persona locuaz.

DIÑAR: Morir.

DOBLAR: Fallecer.

DOLOROSA: Pedir la cuenta de lo que se debe para pagar.

DORMIVELA: Estado próximo al sueño.

DUCHO: Persona experta en un asunto o materia determinada.

DUMPUÉS: Después.

LETRA E

EA: Expresión de asombro o de conformidad.

EBRO: Euro.

ECHUSTÉ: Escuche usted.

EFOCAO: Persona que siempre contesta para quedar por encima de los demás.

EJANGOLÍO (ESTAR): Estar agotado.

EMBELESAR: Cautivar.

EMBOLAO: Problema.

EMBORRONAR: Manchar.

EMBORUÑARSE: No saber cómo terminar una determinada tarea.

EMBOZAR: Taponar.

EMBRIEGAR: Ensuciar.

EMPANAO (ESTAR): Estar distraído o atontado

EMPANCINAO: Harto o lleno de comer o beber.

EMPANTANAR: Dejar todo desordenado y sin recoger.

EMPAPAR: 1: Mojar. 2: Adquirir todos los detalles sobre un determinado asunto.

EMPECINADO: Persona empeñada en hacer o conseguir algo.

EMPEDIBLE: Imperdible.

EMPENTAR: Empujar.

EMPERIFOLLARSE: Adornarse una persona casi con exceso.

EMPORCAR: Ensuciar.

ENANTES: Antes.

ENCÁ: En casa.

ENCALAR: Pintar con cal las fachadas de las casas.

ENCAMAO: Persona que permanece en la cama por enfermedad u otro motivo.

ENCANAR: Tener la mirada perdida.

ENCANIJAO: Persona que adelgaza o encoje por alguna enfermedad.

ENCAPOTAO: Cielo totalmente cubierto por las nubes.

ENCARAMAR: Subir a lo más alto.

ENCARNAURA: Herida.

ENCASQUETAR: Dar a otro algo que ignora que no es bueno o de calidad.

ENCENAGAR: Manchar.

ENCENTAR: Comenzar alguna tarea.

ENCHORRILAR: Encauzar alguna tarea.

ENCISCAR: Participar en una riña, pelea o discusión.

ENCLENCLE: Enclenque, persona débil y/o delgada.

ENDENANTES: Antes o anteriormente.

ENDICIÓN: Inyección.

ENDILGAR: Encargar una tarea que tú no quieres a alguien.

ENDIÑAR: 1: Dar un golpe. 2: Fallecer. 3: Dar a otra persona tu asunto o trabajo encargado.

ENFANGAO: 1: Hinchado de comida. 2: Excesivamente sucio.

ENFOLLISCARSE: Enfadarse.

ENFURRUSCARSE: Enfadarse.

ENGA: Venga.

ENGAÑIFA: Engañar.

ENGARABITARSE: Trepar o encaramarse a un sitio difícil.

ENGARBARSE: Trepar o encaramarse a un sitio difícil.

ENGARVILLAR: Golpear o dar una paliza.

ENGATUSAR: Alagar a alguien para conseguir algo de ella.

ENGOLOSINAR: Alagar a alguien para conseguir algo de ella.

ENGUILOCHAR: Alagar a alguien para conseguir algo de ella.

ENGULLIR: Tragar.

ENHEBRANDO (SALIR): Salir de prisa.

ENHILAR: Enhebrar.

ENJALBEGAR: Pintar con cal las fachadas de las casas.

ENJARETAR: Poner en orden una tarea.

ENJUGAR: Enjuagar.

ENLLENAR: llenan.

ENQUIVOCARSE: Equivocarse.

ENRATONAO: Persona cansada y/o sin ganas de trabajar.

ENRECIAR: Engordar o adquirir fuerza.

ENREVESAO: Asunto que presenta dificultades para terminarlo.

ENROBINAR: Oxidar.

ENRRAMAO: Ojo que presenta rojez por estallido de una vena interna.

ENRRISTRAR: Rastrear.

ENRRITAR: Irritar o enfadar.

ENRUNAR: Ensuciar.

ENSILAR: Comer en exceso.

ENTAVÍA: Todavía.

ENTERÓN: Persona entrometida en los asuntos de los demás.

ENTOAVÍA: Todavía

ENTORNAR: Cerrar la puerta a medias.

ERRAMAR: Derramar.

ERRIBAR: Derribar.

ESABORÍO: Desaborido, persona sin gracia.

ESBALBAL: Desbarbar.

ESBOCICAR: Esportillar.

ESCABECHINA: Matanza en general.

ESCABULLIR: Huir o escapar.

ESCACHARRAR: Destrozar o romper algo.

ESCAGARRUCIAR: Defecar de forma involuntaria.

ESCALABRAR: descalabrar, hacer una herida en la cabeza.

ESCALABRAURA: Descalabradura o herida recibida en la cabeza.

ESCAMOCHAR: Dejar a una persona hecha un desastre.

ESCAMOCHO: Persona débil y/o delgada.

ESCAMONDAR: Limpiar algo en profundidad.

ESCAMPAR: Dejar de llover.

ESCAMPÍO: Descampado.

ESCARRAMAL: Niño inquieto y revoltoso.

ESCARRIAO: Descarriado, persona que ha perdido toda norma social.

ESCHUCHURRÍO: Persona débil o de poco espíritu.

ESCLAFAR: Escalfar o cocer un huevo.

ESCONCHABAO: Algo o alguien que ha quedado con desperfectos o lesiones.

ESCOPETEAR: Salir a toda prisa.

ESCOPINAZO: Escupitajo.

ESCOTE: Cuando, en un grupo, cada uno paga lo suyo.

ESCUCHIMIZADO: Persona débil y/o delgada.

ESCUDRIÑAR: Buscar algo con empeño.

ESCUERZO: Persona excesivamente fea.

ESCUPINAJO: Escupitajo.

ESCURABACHO: Escarabajo.

ESCURO: Oscuro.

ESCURRIZÓN: Resbalón.

ESFARATAR: Estropear.

ESFARRAR: Resbalar o caer.

ESFARRIAO: Repartido.

ESGAJAO: Roto.

ESJARRAR: Romper una tela.

ESLINCE: Esguince.

ESLOMAR: 1: Golpear con fuerza en el lomo de un animal o persona para producir daño. 2: Trabajar sin descanso hasta el agotamiento.

ESMAYAO (ESTAR): Estar débil por el hambre.

ESMIRRIAO: Persona extremadamente delgada.

ESNUCLAR: Fallecer por un golpe en la nuca.

ESOLLAO: Desollado o sin piel.

ESPACHURRAR: Aplastar.

ESPANTAJO: Espantapájaros.

ESPANZURRAR: 1: Tumbar para el descanso. 2: Reventar algo.

ESPARABÁN: Movimiento involuntario del cuerpo al recibir un susto.

ESPARCÍO: Esparcido o repartido.

ESPARPAJO: Desparpajo o tener soltura en el habla.

ESPARRANAR: Tumbarse a descansar.

ESPARRANCAR: Abrir o separar las piernas.

ESPELETRE: Escalofrío.

ESPERPENTO: 1: Persona fea o desagradable 2: Objeto que presenta desperfectos.

ESPERTUGÁ: Movimiento involuntario del cuerpo al recibir un susto.

ESPETAR: Dar o entregar algo.

ESPETERA: Pecho excesivo de una mujer.

ESPIAZAR: Despedazar.

ESPICHAR: Fallecer.

ESPIGAO: Persona muy alta y delgada.

ESPINDALGO: Persona muy alta y delgada.

ESPIRITUAO: Persona extremadamente delgada.

ESPISCAR: Romper algo en trozos pequeños.

ESPIZCAR: Romper algo en trozos pequeños.

ESPORTILLAO: Roto.

ESPORTILLAR: Desportillar o desconchar algún objeto esmaltado o pintado.

ESPUELA: Última ronda en el bar que paga aquel que no había pagado con anterioridad.

ESQUINCE: Esguince.

ESTAÍZO: Estadizo, que no se mueve.

ESTARTALAO: 1: Persona mal vestida. 2: Destartalado o con roturas.

ESTENAZAS: Tenazas.

ESTIJERAS: Tijeras.

ESTRALIZA: Desastre o desorden.

ESTRASERA: Trasera.

ESTROZAR: Destrozar.

ESTROZÓN: Destrozón.

ESZALEAO: Estado en que queda una persona tras una caída fuerte.

LETRA F

FACA: Navaja.

FALAR: Hablar demasiado.

FANEGAS (ERES UN): Estas gordo u obeso.

FARATAR: Desbaratar.

FARDAR: Chulear.

FARFOLLA: Persona falsa o que no se muestra tal y como es.

FARRA: Juerga.

FARRUCO (PONERSE): Ponerse chulo o agresivo.

FARTO: Falto de algo.

FATO: Olfato.

FENEFA: Cenefa.

FILACHAR: Deshilachar.

FINOLIS: Persona que habla y/o tiene modales excesivamente delicados.

FISGAR: Vigilar a escondidas o registrar algo sin autorización.

FLAMA: Calor fuerte.

FLECHAO (SALIR): Salir a toda prisa.

FLOREAR: Buscar escogiendo lo mejor de aquello que se busca.

FLUGENCIO: Fulgencio.

FOGAR: Desahogar.

FOLACHO: Persona mal vestida.

FOLE (PERDER EL): Perder energía, potencia o gas.

FOLLO: Flatulencia.

FOLLÓN: Problema.

FOLLONERO: 1: Persona que suelta flatulencias. 2: Persona que busca problemas, pelea o discursión.

FOMENTAR: Fermentar.

FORTUBOSO: Fructuoso.

FOSCO: Cabello poco o nada peinado.

FOSFATINA (QUEDAR HECHO): Quedar agotado o extenuado.

FOYOYO: Prenda que no es de la talla adecuada a la persona que la viste.

FRESQUERA: Recipiente, aparato o habitáculo para guardar los alimentos a menor temperatura que la ambiental.

FREZA: Excremento.

FRIDERA: Espumadera.

FUÉNDOLO: Siéndolo.

FULANO: Expresión despectiva hacia alguien.

FULERO: Tramposo y/o mentiroso.

FÚRGOL: Fútbol.

LETRA G

GABINA: Cabina.

GACHOSO: Persona zalamera o excesivamente cariñosa.

GACHUPERIO: Cualquier materia en estado pastoso.

GALAYO: Lluvia de corta duración.

GALGO: Persona que siempre está picoteando alimentos en pequeñas cantidades.

GALILLO: Garganta.

GALIMATÍAS: Conversación o lectura sin sentido.

GALLETA: Bofetada.

GALVANA: Persona desganada o vaga.

GAMBITERO: Persona que suele estar de fiesta o de bares.

GAMUSINO: Animal imaginario por el que se gastan bromas a personas que conocen poco el mundo rural.

GANDUL: Vago.

GAÑÁN: Labriego joven y/o que posee poca cultura.

GAÑOTE (IR DE): Ir invitado a todos lados sin pagar nada.

GAÑOTE: Garganta.

GAPO: Escupitajo.

GARBANA: Estado de desgana o desidia.

GARBEO: Paseo por cualquier lugar.

GARFÁ: Bofetada con arañazo incluido.

GARGAJO: Escupitajo.

GARLITO: Nasa cerrada para pescar cangrejos.

GARRUCHA: Polea.

GASTOSO: Persona que gasta todo cuanto tiene sin ahorrar nada.

GAZNÁPIRO: Tonto.

GAZNATE: Garganta.

GAZUZA: Hambre.

GIFO: Mueca.

GINCHAR: Pinchar.

GIÑAR: Defecar.

GIPIAR: Mirar u observar

GIRULO: Persona con alguna alteración psicológica.

GOBANILLA: Muñeca de la mano.

GOINA: Boina.

GOLER: Oler.

GOLISMERO: Persona que se mete en los asuntos ajenos.

GOLONDRINO: Abultamiento que aparece en la axila.

GOMITAR: Vomitar.

GORRINO: Persona sucia.

GÓVEDA: Bóveda.

GRABIEL: Gabriel.

GREÑAS: Cabello poco o nada peinado.

GRILLAO: Persona con alguna alteración psicológica.

GUACHARAZO: Golpe tras una caída.

GUANTÁ: Bofetada.

GUÁRGARAS: Gárgaras.

GUARÍN: Hermano más pequeño de la familia.

GUASCA: Golpe tras una caída.

GÜERA: Hoguera.

GUINCHONAZO: Pinchazo que produce mucho dolor.

GUIÑAPO: Persona débil y desastrada.

GUIPAO (TE HE): Te he visto.

GUISCAR: Incordiar con una conversación pesada.

GUISOPO: Fregona.

GUITA (TENER): Tener dinero.

GUMIA: Persona de gran apetito.

GURRAPATO: Garabato.

LETRA H

HABLAR: En algunas localidades, tiempo de noviazgo.

HAIGA: Haya.

HARAGÁN: 1: Vago. 2: Persona que viste de forma desastrosa.

HATO: 1: Conjunto de alimentos que lleva un trabajador para su almuerzo en el trabajo. 2: Conjunto de ropa o muda para cambiarse.

HEBREAR: Recibir muchas picaduras de algún insecto.

HECHAMENTE: Ir a propósito.

HERNIAR (TE VAS A): Frase destinada para el que trabaja poco.

HERVOR (LE FALTA UN): Se dice de una persona con escasa experiencia en su trabajo o asunto.

HIGAZO (DAR): Dar envidia.

HILÁ: Hilera o fila.

HINCAR: Hacer algo con tesón como trabajar o estudiar.

HINCHA: Odio.

HOGAÑO: Antaño.

HOLGAZÁN: Vago.

HONDONÁ: Hondonada.

HÚNGARO: Persona que va mal vestida.

HURAÑO: Persona que rehúye de tener compañía.

HURGAR: Registrar o remover un cajón o habitación de otro buscando algo.

LETRA I

INDICIÓN: Inyección.

INEA: Planta de la anea.

INOCENTÁ: Broma que se hace principalmente el 28 de diciembre.

INRITACIÓN: Irritación.

INSULSO: Persona sin carácter.

IRSUS: Iros, veros.

IRUTAR: Eructar.

LETRA J

JACA: Caballo.

JAIRAO (ESTAR): Estar inclinado o apoyado sobre algo.

JALBEGAR: Pintar con cal las fachadas de las casas.

JAMACUCO: Infarto, mareo u otra enfermedad que sucede de improviso.

JAMELGO: Generalmente caballo, mula o burro.

JAPOTEAR: Limpiar.

JAQUETONA: Mujer alta y rolliza.

JARANA (IR DE): Ir fiesta o bares.

JARCA: Conjunto de cosas o personas pero mezcladas sin ningún orden.

JARMAZO: Caída estrepitosa.

JARO: Persona de cabello canoso o rubio.

JARRAMANTAS: Rajamantas, persona de poca confianza o credibilidad ante los demás.

JARRAR: Rasgar con la única ayuda de las manos.

JARTO: Harto.

JASPE (DEJAR COMO EL): Dejar algo muy limpio.

JERGÓN: Colchón con relleno de paja o material similar.

JERSÉ: Jersey.

JETA: Caradura.

JÍCARA: Soporte de cristal con forma de tazón invertido que separa los cables en las torretas eléctricas.

JIÑAR: Defecar.

JIPIAR: Ver.

JOFAINA: Palangana.

JOLGORIO: Fiesta de muchas personas mezcladas entre sí.

JOLÍN: Expresión de desagrado.

JUEBAR: Jugar.

JUMERA: 1: Borrachera. 2: Humareda.

JUNCIA (METER): 1: Dar una paliza. 2: Meter prisa.

LETRA L

LADRONICIO: Robo.

LAMBREO (ME HE DADO UN): Me he dado un buen golpe.

LAMPAR: Hambre desmesurada sin ningún alimento que tomar.

LAMPARÓN: Mancha en una prenda de vestir.

LAÑA: 1: Grapa con que se reparaba recipientes de barro o porcelana. 2: Grapa o sutura para cerrar cortes o heridas.

LAÑAOR: Artesano que reparaba con lañas o grapas los recipientes de barro o porcelana.

LAPO: Escupitajo.

LASTRE (ERES UN): Eres una carga.

LEÍDO: Persona culta.

LELO: Tonto.

LENGUARÓN: Persona que cuenta y/o critica asuntos ajenos.

LENTES: Gafas.

LICENCIADO: Cotilla.

LIMPIO (TE VOY A DEJAR): Te voy a dejar sin dinero.

LÍNEO: Fila ordenada de cepas, olivos o árboles en general.

LINGOTAZO: Trago en cantidad de un licor.

LÍO (VAYA): Vaya problema.

LIRÓN: Dormilón.

LISIADO: Herido.

LIVIANO: Ir ligero de ropa o alguna carga.

LLANTINA: Llanto.

LLENAO: Sucio o mugriento.

LLORERA: Llanto.

LOCÁTICO: Persona con algún trastorno mental.

LODAO: Algo obstruido o taponado.

LONGUIS (HACERSE EL): Hacerse el distraído.

LUCERO: Persona que arreglas las luces o electricista.

LUMBRERAS (ERES UN): Eres muy inteligente.

LUSTROSO: 1: Persona rellena o gorda. 2: Persona bien arreglada.

LETRA M

MACHACA: Persona que siempre está haciendo cualquier cosa que le pide el patrón.

MACHO (ERES MUY): Eres muy hombre.

MACUTAZO: Falsa noticia o bulo.

MAFLE: Bafle o altavoz.

MAJARETA: Tonto.

MAJO: Persona de buen carácter y simpático.

MALAJE: Persona con malas ideas y sentimientos.

MALEAR: Tomar un mal camino en la vida.

MAMAR: Emborrachar.

MAMELUCO: Tonto.

MAMPORRO: Golpe.

MANÁ: Manada.

MANDAMÁS: Jefe o patrón.

MANDANGA: Bofetada.

MANDAO (HACER UN): Hacer un recado.

MANDUCAR: Comer.

MANERO: Persona ambidiestra.

MANFLORITA: Hombre con gestos y/o habla femeninos.

MANGANTE: Ladrón.

MANGAR: Robar o sustraer.

MANGONEAR: 1: Manipular a una persona. 2: Robar o sustraer.

MANGURRIÁN: Tonto o necio.

MANIANTAL: Manantial.

MANOLA: Masturbación.

MANSALVA (A): En cantidad.

MANTENCIÓN: Manutención.

MAQUE: Mira que.

MARAÑA: 1: Trampa. 2: Cuerdas, cables, etc. que están liados.

MARICA: Hurraca.

MARIMANDÓN: Dícese de la persona que manda mucho.

MAROMA: Cuerda generalmente de procedencia vegetal.

MAROMO: Novio o esposo.

MARRARSE: Desviarse de lo recto o de lo exacto.

MARRULLERO: Tramposo.

MARTINGALA: Juerga.

MASTRAJO: Persona que agobia con la misma conversación sin parar.

MATAURA: Rozadura.

MAZÁMPULAS: Tonto.

MEDIERO: El que trabaja las tierras que no son suyas a medias con el propietario.

MEDIETE: Mellizo o gemelo.

MELENCINA: Vejiga urinaria.

MELGO: Mellizo o gemelo.

MELINDRES (ERES UN): Eres una persona puntillosa.

MENCHA: Mecha.

MENDRUGO: 1: Pedazo de pan duro. 2: Tonto o zoquete.

MENEO: Empujón.

MENGUAR: Disminuir.

MENTAR: Nombrar a una persona.

MERCAR (VOY A): Voy a comprar.

MERCER: Mecer o columpiar.

MERCIOR: Columpio.

MESMO (ASÍ): Así mismo.

METIJÓN: Entrometido.

METIJOSO: Entrometido.

MIAJA: 1: Migaja de pan. 2: Parte pequeña de algo.

MIAQUE: Mira qué.

MIASI: Mira así.

MIATÚ: Mira tú.

MIAVER: Mira a ver.

MICO: Niño pequeño.

MIERDA (SER UN): Ser un cobarde.

MILINDRE: Persona delgada y de poco apetito.

MISMAMENTE: Precisamente.

MISTOS (HACERSE): Hacerse trozos pequeños.

MOCHUELÁ: Siesta corta o cabezada.

MOCHUELO: Persona que hace mucho menos de lo que sabe o puede.

MOCLITA: Gota que cae de la nariz.

MODORREAR: Ponerse pesado con la misma conversación de siempre.

MODORRO: Ignorante o tonto.

MOHÍNO: Persona desanimada o triste.

MOJICÓN: Bofetada o puñetazo.

MOJIGANGO: Persona que se disfraza con prendas variadas sin formar un estilo definido.

MOJÓN: 1: Excremento que se expele de una vez. 2: Piedra u objeto similar que sirve de referencia de lindes o señal de algo en el campo.

MOLLERA: Cabeza.

MOLONDRÓN: Cabezón.

MONDARINA: Mandarina.

MONDARSE: Reírse muchísimo.

MONO (ES MUY): Es muy guapo o bonito.

MONSERGA: Excusa sin fundamento o consistencia.

MOÑA: Cuando alguien ha bebido más de la cuenta.

MOÑIGA: Excremento generalmente de origen animal.

MOQUERO: Pañuelo para la nariz.

MOQUETAZO: Bofetada en las narices.

MORCIGUILLO: Murciélago.

MORRINA: Somnolencia originada por el calor.

MOSTACHO: Bigote.

MOSTRENCO: Cabezón o terco.

MOTE: Apodo.

MOVÍO: Animal en estado de celo.

MOZO: Joven soltero.

MUCHISMO: Muchísimo.

MUDRE: Mugre.

MUERMO (ERES UN): Eres un vago o pesado.

MURRIA (TENER): Estar desanimado o triste.

MUSTIO: Persona desanimada o triste.

LETRA N

NÁ: Nada.

NAIDE: Nadie.

NAPIA: Nariz.

NENE: Niño.

NONO (A): A dormir.

NOVIERO: Persona que siempre está detrás de las mujeres.

NOVILLOS (HACER): Toros, generalmente no acudir a la escuela sin permiso.

NUBLO: Cielo cubierto por las nubes.

NUEVO: Joven.

NULAR: Nublar.

NUSOTROS: Nosotros.

LETRA Ñ

ÑACO: Niño.

ÑALO: Míralo.

ÑAQUE: Mira que.

ÑOÑO: Persona de escasa inteligencia o sin gracia.

LETRA O

OCENA: Docena.

OJOPOLLO: Callo del pie.

OLISMA: Mal olor.

OREAR: 1: Ventilar un espacio. 2: Poner a secar algo.

OVEJO: Persona con una cabeza de mayor tamaño de lo habitual.

LETRA P

PACENCIA: Paciencia.

PACHASCO: Vaya chasco.

PACHORRA (TENER): No tener ganas de realizar alguna actividad.

PACHUCHO: Enfermo.

PAECE (TE): Te parece.

PAER: Pared.

PAJIZO (ESTAR): Estar pálido.

PALANTE: Para adelante.

PALIQUE (TENER): Tener buena conversación.

PALMAR: Morir o fallecer.

PALURDO: Tonto o analfabeto.

PAMPANEO: Visitar algún lugar para averiguar el desarrollo de un determinado asunto o tarea.

PAMPLINERO: Persona que quiere ayudar o colaborar en algo solo por aparentar.

PAMPRINGAO: Presumido.

PÁNFILO: Persona simple.

PANZÁ: Gesto o trabajo hecho de forma exagerada.

PAONDE: Para donde.

PAPARRUCHÁ: 1: Conversación o comentario sin ninguna importancia. 2: Mentira.

PAPEAR: Comer.

PAPELERO: Zalamero.

PAPELILLO: Sobre con polvos medicinales en su interior.

PAPIROLÁ (VAYA): Vaya tontería.

PAPO: Desvergüenza.

PARALÍS: Parálisis.

PARATO: 1: Avión. 2: Aparato de radio.

PARDILLO: Ignorante.

PARIENTA: Esposa.

PARIPÉ (HACER EL): Simular hacer alguna tarea sin llevarla a cabo.

PARIR: Vomitar.

PARNÉ (TENER): Tener dinero.

PÁRPAGO: Párpado.

PARPAGUEAR: Parpadear.

PARTERA: Mujer que atendía los partos en domicilios.

PASANTEAR: Pasear.

PASTA (TENER): Tener dinero.

PATÁN: 1: Persona mal vestida. 2: Persona de conducta infame.

PATATÚS: Infarto, mareo u otra enfermedad que sucede de improviso.

PATITIESO (ESTAR): 1: Estar muerto. 2: Estar sin dinero.

PATOSO: Persona que no hace bien las tareas.

PATRÁS: Para atrás.

PAVA: 1: Autocar o autobús lento. 2: Colilla del cigarro que se guarda para fumar en otro momento.

PAVISOSO: Persona sin gracia.

PAVO (SE LE HA SUBIDO EL): Estado de vergüenza o timidez en que la cara se pone colorada.

PEAZO: Pedazo.

PÉCORA: Mujer de vida licenciosa o pública.

PEDÍO: Acto de pedir la mano de la novia al padre de la misma.

PEDO: 1: Flatulencia. 2: Borrachera.

PEDRÁ: Pedrada.

PEDREA: Juego infantil de lanzarse piedras unos a otros.

PEGOTE: 1: El que se te pone al lado sin apetecer su compañía. 2: Mentira o exageración para aumentar un suceso o acto.

PEJIGUERO: Quejica.

PELAESPIGAS: Avaro.

PELAGATOS: Persona sin importancia y de baja consideración.

PELANAS: Persona sin importancia y de baja consideración.

PELANDRUSCA: Mujer de vida licenciosa o pública.

PELAVIVOS: Persona que saca provecho de los bienes de otro.

PELELE: Persona fácilmente manipulable.

PELLÁ: Bofetada.

PELLEJO: Persona con un cuerpo extremadamente delgado.

PELLICA: 1: Piel propia. 2: Abrigo confeccionado en piel.

PELLIZA: Abrigo confeccionado en piel.

PELMA: Pelmazo, cansino o repetitivo.

PELUDO: Felpudo.

PENCO: Tonto y de escaso entendimiento.

PENDAÑO: Peldaño.

PENDÓN: Persona que suele estar de fiestas o bares sin atender su trabajo o casa.

PERCAL (VAYA): Vaya problema o lío.

PERCHÓN: Dar un tirón con mucha fuerza.

PERDULARIO: Persona conflictiva.

PERICO: Orinal de borde alto.

PERILLÁN: Tunante o engañoso.

PERIQUETE (EN UN): En un momento.

PEROLO: Perola o cacerola.

PERRAS (TENER): Tener dinero.

PERRENDENGUE: Infarto, mareo u otra enfermedad que sucede de improviso.

PERRERÍA: Estado de desidia o cansancio.

PERRILLA: Calentura que aparece en los labios.

PERRO (ERES UN): Eres un vago.

PESAUMBRE: Pesadumbre, preocupación o malestar anímico.

PESCOZÓN: Manotazo en el cuello.

PESCUÑO: Pezcuño, trozo o pellizco que se arranca del pan.

PESIGLÁS: Plexiglás.

PESTELLÓN: Persona que desprende mal olor.

PESUMBRE: Pesadumbre.

PEZCUÑO: Pescuño, trozo o pellizco que se arranca del pan.

PIAZO: Pedazo.

PICARSE: Obsesionarse con algo determinado.

PÍCHO: 1: Bicho. 2: Expresión para alejar a un perro.

PICIA: Trastada.

PICIO: Persona carente de belleza.

PIEJO: Piojo.

PIJO: 1: Pene. 2: Persona exquisita en hablar y vestir.

PIJOTERO: Persona muy detallista.

PÍLDORA: Bolita que se hace con el moco nasal.

PILGAJO: Colgajo, algo que cuelga.

PILTRA: Cama.

PILTRAFA: Persona sin importancia y de baja consideración.

PIMPLAR: Emborrachar.

PINCHA: Espina.

PINDONGUEAR: Estar de fiesta o de bares.

PINEAJO: Persona mal vestida y/o sucia.

PINGO (CUALQUIER): Cualquier ropa o prenda para vestirse.

PINREL: Pie sucio o maloliente.

PINTA (SER UN): Ser problemático o conflictivo.

PINTA (VAYA): Aspecto de una persona o cosa.

PINTAMONAS: Persona sin importancia y de baja consideración.

PIPIOLO: Novato o inexperto en un trabajo o asunto.

PIPIRICOJA: Avanzar a la pata coja o saltando con un solo pie.

PIRAR: Marchar o irse.

PIRRIARSE: Fuerte deseo de algo.

PISARRANAS: Travieso o inquieto.

PISO: Pago en bebidas que hace un joven al hacerse novio con una chica del pueblo.

PISTO (DÁRSELAS DE): Dárselas de saber de todo.

PISTO (MENUDO): Menudo problema.

PITANDO (SALIR): Salir de prisa.

PITIMINÍ: Persona de poco espíritu.

PITOTE: Alboroto.

PLANTA (TENER): Tener buena presencia.

PLOMO (ERES UN): Eres un pesado.

POBLEMA: Problema.

POLÍGAMO: Polígono.

POLÍGANO: Polígono.

POQUÉ: Porqué.

PORRETAS (EN): Desnudo.

POS: Pues.

POSITORIO: Supositorio.

POTAR: Vomitar.

POTRA: Suerte.

PRAZUELA: Plazuela.

PRECURADOR: Procurador.

PRESONA: Persona.

PRINGAR: Trabajar

PROBE: Pobre.

PROCUPÍS (NO SUS): No os preocupéis.

PÚA (PEDIR LA): Pedir la cuenta.

PUDRIDERO: Basurero.

PUEQUE: Puede que.

PUERTAGRILLOS: Persona con alguna alteración psicológica.

LETRA Q

QUIÁ: Que va.

QUIJÁ: Quijada, mandíbula inferior.

QUINCALLERO: Antiguamente, persona que reparaba quincalla u objetos de metal principalmente mediante soldadura de estaño.

QUINTA: Los nacidos el mismo año que antaño debían realizar el Servicio Militar.

QUINTÁ: Quintada, broma entre los quintos.

QUINTO: Joven que años atrás debía realizar el Servicio Militar.

LETRA R

RÁCANO: 1: Avaro. 2: El que se va cuando le toca pagar una ronda en el bar.

RAJAMANTAS: Jarramantas, persona de poca confianza o credibilidad ante los demás.

RALEA: Tener malas ideas.

RAMPLA: Rampa.

RANA (SALIR): Persona con conducta inesperada o que defrauda las expectativas.

RASCA: Frio.

RASO: Cielo sin nubes.

RASQUE: Frio.

REBAILETA: Persona inquieta.

REBANÁ: Rebanada.

REBANAR: Cortar algo en rebanadas.

REBAÑIR: Rebañar.

REBUELDO: Eructo.

REBULLIR (SIN): 1: Sin rechistar. 2: Estarse quieto y/o silencioso.

RECAO: Recado o mandado.

RECERNIR (SIN): Estarse quieto y/o silencioso.

RECHIFLETE: Corriente de aire frio.

RECHISTAR (SIN): 1: Sin rebullir. 2: Estarse quieto y/o silencioso.

RECHONCHO: Persona obesa o encorvada.

RECOCHURA: Momento del día con frío extremo.

RECONCOMIA: Malestar interior por la conciencia.

RECORTEJANA: Persona cuya vestimenta es más corta que su talla.

RECOVECO: Rincón de difícil accesibilidad.

RECULAR: 1: Andar hacia atrás. 2: Desdecirse de algo dicho por error.

REDE: Redes en cualquiera de sus acepciones.

REDOR: Alrededor.

REFORNÍO: Persona alta y fuerte.

REFRIALDAD: Frío.

REGOLDAR: Eructar.

REGÜELDO: Eructo.

REGUERÍO: Regadío.

REÍTE: Ríete.

RELAMÍO: Persona con habla y/o modales demasiado refinados.

RELEJE: Mancha de suciedad en la piel, ropa u otra superficie.

RELENCO: Persona torpe y/o de escasa inteligencia.

RELENTE: Viento fresco y húmedo al amanecer.

RELÍO (VAYA): Lío o problema complicado de resolver.

REMO: Brazo o pierna.

REMOLÓN: Persona que no se decide a realizar una determinada tarea.

REMUDAR: Cambiarse de ropa o muda.

RENACUAJO: Niño pequeño.

RENCAJO: Resto sobrante de alguna cosa.

RENEGÓN: Persona que siempre se está quejando de todo.

RENGUÍO: Persona agotada.

RENGUIRSE: Agacharse o caer por el excesivo peso de una carga.

RENQUEAR: Andar con cojera.

REPANTIGAR: Quedar medio tumbado en alguna superficie.

REPELÚS: 1: Escalofrío. 2: Repugnancia o asco.

REPISO: Arrepentimiento de algo.

REPIZCO: Pellizco.

REPRETAR: Apretar algo con fuerza.

REPRETERA: Conjunto de personas excesivamente juntas dándose empujones entre ellas.

REPULLO: Movimiento involuntario del cuerpo al recibir un susto.

REPUNTAO (ESTAR): Estar con síntomas de padecer una enfermedad.

RESCOLDO: Movimiento y ruido espontaneo del estómago cuando se tiene hambre.

RESOLLAR: Resoplar.

RESPINGO: Movimiento involuntario del cuerpo al recibir un susto.

RESTROJO: Rastrojo.

RESUELLO: Respiración fuerte con falta de aire tras realizar un gran esfuerzo.

RETACO: Persona de corta estatura.

RETAILA (SOLTAR LA): Contar un suceso de forma pormenorizada y en orden.

RETEL: Nasa abierta para pescar cangrejos.

RETONDA: Rotonda.

RETORTIJÓN: Movimiento y ruido espontaneo del estómago por molestias internas.

RETRATARSE: Pagar la ronda correspondiente de bebidas.

RETROTERO: Persona que realiza su trabajo o tarea de forma alocada y sin control.

REVIEJO: Persona que presume de saber más de lo que realmente sabe.

REVIENTAORZAS: Familiar o amigo que acude tras la matanza y se lleva parte de los productos obtenidos.

REVOLÁ: Momento en que el cielo presenta un color rojizo.

REVOLICIO: Revuelo.

REVUELTA: A la vuelta de una esquina o camino.

REZAORA: Mujer que con rezos curaba el mal de ojo.

RIBAR: Derribar.

RIBAZO: Desnivel en el campo.

RICAMENTE (TAN): Tan a gusto, tan cómodo.

RILAO: Persona doblada por el excesivo peso de una carga

RILERA: Hilera o fila.

RIMERA: Montón de cosas apiladas una encima de otras.

RINGARSE: Agacharse o caer por el excesivo peso de una carga.

RINGORRANGO: Excesivamente adornado.

RISIÓN: Persona o cosa objetos de burla.

ROAL: Rodal.

ROBASIESTAS: Persona que causa molestia constante.

ROCHANO: Muchacho de corta edad que acompañaba al pastor para aprender el oficio.

ROCHERO: Persona que siempre está de fiesta o de bares.

RONCHAR: Hacer ruido al comer un alimento crujiente.

RONCHÓN: Alimento crujiente.

ROÑA: Suciedad extrema en manos o pies.

ROÑICA: Avaro.

ROPÓN: Vestido sencillo y largo que se colocaba por encima de la ropa a fin de protegerla.

ROYO: Arroyo.

RUCHAR: En cualquier juego de apuestas, recoger todo el dinero ganado.

RULAJA: Rodaja.

RUTE: Vagina femenina.

LETRA S

SABANEO: Paliza.

SABLEAR: Durante un pago, cobrar por encima del valor real.

SACASTUDIAS: Persona que siempre está buscando la manera de mejorar algún instrumento o método.

SAGATERO: Persona astuta.

SAGATO: Hoguera.

SAGUDIR: Sacudir.

SALAMBRIADO: Estar con mucha hambre.

SALERO (TENER): Tener gracia.

SALÓN: Salazón.

SALPULLÍO: Sarpullido.

SALTABARDALES: Travieso o inquieto.

SALTACORRALES: Travieso o inquieto.

SAMUGO: Persona introvertida o de poco hablar.

SANSEACABÓ: Se acabó definitivamente.

SAPE: Sipe, expresión para ahuyentar a los gatos.

SAQUE (VAYA): Vaya aguante comiendo o bebiendo.

SARTÓN: Saltamontes.

SECARUTO: Persona débil y/o delgada.

SEMOS: Somos.

SERENO (DORMIR AL): Dormir por la noche en un lugar sin techo.

SESERA: Cerebro.

SIESO: Tonto.

SINVIVIR: Preocupación.

SIPE: Sape, expresión para ahuyentar a los gatos.

SISAR: Quedarse con parte del cambio tras pagar algo con el dinero de otra persona.

SO: Expresión para que el caballo o mula se detenga.

SOBAR: 1: Dar una paliza. 2: Manosear.

SOFOCAO (ESTAR): 1: Estar acalorado. 2: Estar sin aliento tras un esfuerzo o trabajo.

SOGA: Cuerda vegetal.

SOLANA: Lugar donde el sol.

SOLANERA: Zona expuesta al sol.

SOLANO: Viento que sopla del este.

SOLFEAR: Dar una paliza.

SOLIVIANTAR: Inquietar o enfadar.

SOLLAR: Desollar.

SOMANTA (DAR UNA): Dar una paliza.

SOÑACIÓN (NI POR): Ni en sueños.

SOÑARRERA: Estado de sueño previo a dormir.

SOPAPO: Guantazo.

SOPETÓN (DE): De repente.

SOPLAMOCOS: Bofetada.

SOPLAO (ESTAR): Estar borracho.

SOPONCIO: Mareo o sofocón.

SORBER: Absorber.

SORCHANTE: Persona astuta.

SORRASCAR: Asar o tostar en exceso.

SOSCA (SER UN): Ser un pesado e insistente en algo.

SOTA (SER UN): Persona que hace poco en su trabajo o asunto y luego presume de haberse esforzado mucho.

SUFRIRSE: Apoyarse.

LETRA T

TABARDILLO: 1: Golpe de calor. 2: Persona alocada.

TABARDO: Chaquetón.

TAJÁ: 1: Tajada. 2: Borrachera.

TALEGA: Bolsa generalmente de tela en donde se guarda el almuerzo para el trabajo.

TALEGO: Cárcel.

TAMIÉN: También.

TÁNGANA: Lío o problema.

TAPABOCAS: Bufanda.

TARAMBANA: Persona sin iniciativa alguna.

TARASCÁ: Golpe.

TARTAJA: Tartamudo.

TARUGO: Tonto.

TARUMBA: Tonto.

TATARATAS: Cataratas.

TAVÍA: Todavía.

TECLERO: Persona que siempre está en desacuerdo en cualquier tema o asunto.

TEJEMANEJE: Asunto ilícito.

TELELE: Mareo o crisis epiléptica.

TELENDO (SALIR): Salir indemne de algún asunto o accidente.

TEMBLEQUE: Temblor.

TEMPLAO: 1: Persona que se ha emborrachado. 2: Persona sin miedo alguno.

TEMPLAR: 1: Emborrachar. 2: Pegar o agredir.

TENAJA: Tinaja.

TENÍS: Tenéis.

TENTAR: Tocar.

TENTENPIÉ: Almuerzo de media mañana.

TEPAECE: Te parece.

TEPAECEQUE: Te parece que.

TERICIA: Ictericia.

TERILLA: Tirilla.

TIENTO: Prueba.

TIESO (ESTAR): 1: Estar muerto. 2: Carencia de dinero.

TIESO (TO): Todo tieso, señalar una dirección toda de frente o en línea recta.

TINO: Puntería.

TIPARRACO: Persona soez y/o de mala conducta.

TIRAR: Andar.

TIRICIA: Ictericia.

TIRILLAS: Persona débil y/o delgada.

TIRITERA: Temblor corporal por el frío.

TIRRIA: Odio.

TÍSICO: Persona enferma y con extrema delgadez.

TÍTERE: Persona que es manipulada por todos.

TIZONAZO: Golpe con un objeto puntiagudo.

TOBALLA: Toalla.

TOCATEJA: Pago realizado al contado.

TOLOVERO: Estado de embriaguez.

TOMATE: Agujero en el calcetín.

TONTUCIO: Tonto.

TONTUNA: Tontería.

TOPERA: Gran humareda.

TORBELLINO (ERES UN): Eres muy inquieto.

TORCÍO (IR): Ir por mal camino en la vida.

TORDO: Porción de alimento que se escapa al hablar con la boca llena.

TOREAR (ME VAS A): Me vas a engañar para no hacer lo que debes.

TORNABODA: Fiesta después de la boda.

TOROS (HACER): Novillos, generalmente no acudir a la escuela sin permiso.

TORTA: Bofetada.

TORTAZO: Bofetada.

TORTÍCULIS: Tortícolis.

TORVA: Tolva.

TOS: Todos.

TOSTÓN (DAR EL): Dar la lata o molestar.

TOSTONERO: Problemático.

TRABANQUILLA: Zancadilla.

TRAGALDABAS: Persona que acepta y come todo tipo de alimentos.

TRAJÍN: Movimiento continuo de personas durante una tarea.

TRAJINAR: Mover cualquier cosa durante una tarea determinada.

TRALLA (METER): Meter prisa.

TRANCA: 1: Borrachera. 2: Congestión general por un resfriado.

TRANCAZO: 1: Borrachera. 2: Congestión general por un resfriado.

TRANSÍO (VENGO): Vengo muy sediento.

TRANSITOR: Transistor.

TRAPAJAZO: Accidente con lesiones.

TRÁPALA: 1: Persona que nunca termina un trabajo o encargo. 2: Persona mentirosa.

TRASCACHO: Zona en donde da el sol.

TRASCAMUNDEAR: Cambiar o desordenar algo.

TRASCAVALAR: Cambiar o desordenar algo.

TRASFULLA: Tramposo.

TRASPILLAO (ESTAR): Estar con mucha hambre.

TRASPONER: Perder de vista.

TRASTÁ: Trastada.

TRASTO: 1: Persona que hace trastadas. 2: Objeto inservible.

TRASTOL: Tractor.

TRASTORNAO: Persona con algún trastorno mental.

TREMPANO: Temprano.

TRIPA: Estómago.

TRIQUIÑUELA: Truco o mentira para hacer algo sin consentimiento.

TROCHA: Huella.

TROLA: Mentira.

TROMPA: Borrachera.

TROMPEZAR: Tropezar.

TROMPEZÓN: Tropezón.

TROMPICAR: Ganar a alguien.

TROMPOSIS: Trombosis.

TRONCHAMOZAS: Persona que siempre está detrás de las mujeres.

TRONCHAR: Partir.

TRONCHOPITÓN (TRABAJAR A): Trabajar a destajo.

TROPECIENTOS: Multitud de cosas o personas sin determinar un número exacto de ellas.

TROPEL (SALIR A): Salir corriendo sin orden alguno.

TROPELÍA (HACER UNA): Hacer algo mal.

TRUJE (AYER): Ayer traje.

TRUTE (LO): Lo traje.

TÚBA: Expresión para llamar o alejar a los perros.

TUBILLO: Tobillo.

TUFO: Olor desagradable.

TUGURIO: Local sucio y/o con clientes de poco fiar.

TUNANTE: Pícaro.

TUNDA: Paliza.

TUNO: Pícaro.

TUPÉ: Flequillo.

TURULATO: Tonto.

TUSO: Voz para alejar a los perros.

LETRA U

UDA: Expresión para ahuyentar a los perros.

UNTAR: Sobornar.

URGAR: Tocar alguna cavidad propia como por ejemplo la nariz.

LETRA V

VACEAR: Vaciar.

VAI USTED: Vaya usted.

VAINA (ERES UN): Eres un pesado.

VANO: Vacío.

VANTARSE: Levantarse.

VARA (DAR LA): Cuando alguien a tu lado comienza una conversación que no te importa.

VEDREAO: Conjunto de cacharros de la cocina.

VEJÍA: Vejiga o ampolla en la piel.

VELAILO: Velo ahí, míralo.

VENEIS: Venís.

VENTOSEAR: Peder, expulsar flatulencias.

VEROS: Iros, marchaos de aquí.

VESTE: vete.

VIAJERA: Autocar o autobús.

VIDE (LO): Lo vi.

VIDE: Vi.

VIENTRE (HACER DE): Defecar.

VIGARDO: Persona fuerte y de carácter duro.

VIRINGITIS: Meningitis.

VIRUJI: Frio.

VIRULÉ (OJO A LA): Ojo amoratado por un golpe.

VISÍCULA: Vesícula.

VITANGUEO: Estar de fiesta.

VITANGUERO: Persona que está siempre de fiesta o de bares.

VOCERAS: 1: Persona que habla en voz alta. 2: Persona que va contando la vida de los demás.

VOLEO (HABLAR AL): Hablar sin sentido ni coherencia.

VOLTIJETA: Voltereta.

VORTEJETA: Voltereta.

VUSOTROS: Vosotros.

LETRA Y

YANTAR: Comer.

YASTÁ: Ya está.

YELO: Hielo.

YÉPA: Expresión a modo de hola, aquí estoy, etc.

LETRA Z

ZAFAR: Escapar.

ZAFRA: Envase metálico para guardar el aceite.

ZAGAL: Joven o mozo.

ZAINO: Insistente o pesado.

ZALAGARDA: Bronca, discursión o pelea.

ZALAMERO: Persona que hace lisonjas para conseguir algo.

ZALEAR: Mover o arrastrar algo de un lado a otro.

ZAMARRA: Chaquetón.

ZAMBOMBAZO: Ruido fuerte.

ZAMPABOLLOS: Comilón.

ZAMPAR: Comer.

ZAMPUCAR: Meter la cabeza bajo el agua a alguien.

ZAMUZO: Persona introvertida.

ZANCÁ: Zancada.

ZANCOCHAO: Alimento con sabor desagradable.

ZÁNGANO: Vago.

ZANGARRIANA: 1: Gastroenteritis. 2: Tristeza profunda o abandono personal.

ZANGUANGO: Vago y/o perezoso.

ZAPATIESTA: Gresca, alboroto o tumulto.

ZARAGATA: Gresca, alboroto, tumulto.

ZARANDEAR: Dar sacudidas a una persona.

ZARPA (METER LA): Meter la mano.

ZASCANDIL: Mala persona.

ZIRIGONZA: Movimientos laterales sin control de un vehículo cuyo conductor se encuentra en estado de embriaguez.

ZOCATO: Zurdo.

ZOCOTAZO: Golpe dado con un leño.

ZOPENCO: Tonto y de escaso entendimiento.

ZOPO: Zurdo.

ZOQUETE: Tonto.

ZOROCOTROCO: Persona rolliza o un poco gruesa.

ZORRERA: 1: Habitación con mucho humo. 2: Madriguera del zorro.

ZORRUNO: Astuto.

ZORULLO: Excremento.

ZOTE: Persona que por muchas explicaciones que se le dé no se entera.

ZUMBAR: 1: Expulsar a alguien. 2: Agredir.

ZURCACHEAR: Estar inquieto.

ZURRAR: Pegar a un animal o persona.

ZURRASPA: Mancha de excremento en la ropa interior.

ZURRIAGAZO: Golpe dado a un animal o persona.

ZURRIBULLE: Estar inquieto.

ZURRIELA: Conjunto de personas u objetos sin orden alguno.

ZURRUSCAR: Defecar de improviso sin dar tiempo a ir al retrete.

ZURULLO: Excremento.